FORÇA! DIGA NÃO À DEPRESSÃO

Rosana Beni

FORÇA! DIGA NÃO À DEPRESSÃO

Como afastar, de vez, este mal do século da sua Vida

2ª edição

São Paulo, 2023

FORÇA! DIGA NÃO À DEPRESSÃO
Copyright © 2023 by Rosana Beni
Copyright © 2023 by Novo Século Editora Ltda.

Editor: Luiz Vasconcelos
Gerente Editorial: Letícia Teófilo
Organização de texto: Majô Levenstein
Capa e diagramação: Carlos Eduardo Gomes
Revisão: Equipe Novo Século

Texto de acordo com as normas do Novo Acordo Ortográfico da Língua Portuguesa (1990), em vigor desde 1º de janeiro de 2009.

Dados Internacionais de Catalogação na Publicação (CIP)
Angélica Ilacqua CRB-8/7057

Beni, Rosana
  Força! diga não à depressão: como afastar, de vez, este mal do século da sua vida / Rosana Beni. – 2. ed. - Barueri, SP: Novo Século Editora, 2023.
  96 p.

ISBN 978-65-5561-560-9

1. Autoajuda 2. Depressão 3. Saúde mental I. Título

23-1754   CDD 158.1

Índices para catálogo sistemático:
1. Autoajuda 2. Depressão 3. Saúde mental

GRUPO NOVO SÉCULO
Alameda Araguaia, 2190 – Bloco A – 11º andar – Conjunto 1111
CEP 06455-000 – Alphaville Industrial, Barueri – SP – Brasil
Tel.: (11) 3699-7107 | E-mail: atendimento@gruponovoseculo.com.br
www.gruponovoseculo.com.br

Dedico e agradeço aos meus filhos Anita e Raphael. Meus anjos, minha felicidade.

Agradeço a Gustavo Rosa, amigo leal que sempre nos transmite alegria e motivação de Vida por meio de suas obras e de sua amizade.

À Majô Levenstein amiga e parceira em meus projetos do Bem.

A Cesar Romão que sempre me motivou a lançar livros.

E a todos aqueles que acreditaram neste projeto que ajudará tantas pessoas.

Prefácio

O Grande Arquiteto do Universo não consegue evitar que algumas coisas que não estão em nossos planos nos aconteça; mas quando temos de enfrentar aquilo que Ele não conseguiu evitar, percebemos que encontramos forças, estratégias e fé para vencer essas adversidades. Muitas vezes crescemos com isto e notamos que o problema ficou pequeno diante do tempo que nos tornou melhores e mais fortes do que éramos.

Em sua sabedoria, o Criador já colocou em nosso caminho seu próprio Filho, para que pudéssemos entender que: adversidades são superadas pela esperança, pela coragem, pelo desenvolvimento espiritual e pela fé.

O tema deste livro escolhido pela especial Rosana Beni, uma Jardineira do Bem, tem sido a razão de muita infelicidade de pessoas que foram pegas de surpresa por esta doença tão silenciosa, que faz florescer um grito interior ouvido somente por aqueles que são seu alvo.

A Medicina já evoluiu muito no tratamento da Depressão e continua evoluindo; novas técnicas promissoras poderão antecipar a cura desta doença.

Este livro é como um sopro de brisa que pode aliviar e manter o paciente concentrado em sua força de vontade durante a fase de cura juntamente ao seu médico.

A autora já tem outros livros publicados com muito sucesso, tem uma experiência consagrada por meio dos trabalhos beneficentes que promove, é uma dedicada apresentadora de TV, onde já entrevistou personalidades e sempre abordou assuntos relacionados ao bem-estar do Ser Humano. Com esta obra, não poderia ser diferente.

A Vida pode ficar melhor quando procuramos fazer o nosso melhor. Acredito que esta escritora, mais uma vez neste livro, fez o seu melhor, para deixar a Vida das pessoas também melhor.

CESAR ROMÃO
ESCRITOR E CONFERENCISTA

Introdução

O que conduz uma pessoa à depressão? As causas físicas e psicológicas você vai saber como identificá-las nos próximos capítulos. Mas o foco principal deste livro é detectar alguns dos inúmeros fatores que facilitam o desenvolvimento desse mal, que, trágica e infelizmente, tem levado muitas pessoas ao grau máximo de sua consequência: o suicídio.

Muitas vezes, pessoas que eu conheço, que parecem ser as mais alegres, mais prósperas financeiramente ou as mais bem-sucedidas profissionalmente, acabam se entregando à depressão e, não raro, perdendo a razão para viver.

Tenho certeza de que você já ouviu: "Mas ela tinha tudo: família, dinheiro, bom marido etc.". Entretanto, não cabe a ninguém julgar ou procurar entender a atitude extrema de alguém ou por que esse alguém entrou em depressão ou cometeu suicídio.

Meu objetivo, com esse livro, é ajudar, de maneira simples e bastante prática, as pessoas para não deixar esse mal do século entrar em suas Vidas. Assim, esta obra contém dicas de comportamento e atitudes para você ou seus amigos e conhecidos blindarem as suas Vidas contra a depressão.

Eu o escrevi com amor e a melhor das intenções, pois já perdi muitas pessoas queridas por causa dessa doença; aliás, esse mal é bastante "democrático". Ele atinge a todos, sem exceção. Do jovem ao idoso, do rico ao pobre, do feio ao belo, em todas as partes do mundo.

O importante é termos a certeza de que ele tem cura, pois, acima de tudo, existe a força de DEUS, que nos ajuda sempre porque Ele é pai e quer ver seus filhos curados. Lembre-se: DEUS é bom e Ele o ama!

Só faço um pedido: se você, ou alguém que conhece, já se encontra no estágio inicial ou avançado desta doença, minhas sugestões podem ajudar a amenizar o problema. Vale lembrar que o acompanhamento médico, de um psicólogo ou psiquiatra, é imprescindível. Minhas sugestões de como enfrentar essa verdadeira praga dos séculos XX e XXI só ajudarão a complementar o cotidiano de forma proativa de quem passa por uma depressão. Elas servirão como uma espécie de complemento ao tratamento.

Aqueles que não sabem o que é isso devem, por respeito humano, ajudar os demais, pois acredito que somos uma grande família espiritual aqui na Terra. Temos a obrigação de ajudar ao próximo, principalmente no que diz respeito à sua saúde física e emocional. Nunca devemos nos esquecer de que somos filhos de Deus, Aquele que nos ensinou a "amar o próximo como a si mesmo". Essa é a nossa missão.

Alguém que já esteja no caminho da depressão poderá melhorar muito ao receber uma palavra amiga, de fé, de esperança; um gesto de carinho, de atenção, que podem ser obtidos por meio das dicas que dou neste livro. São atitudes que o farão se sentir melhor.

Assim, vamos nos unir, querido leitor, e gritar bem alto: "Força! Diga não à depressão".

Boa leitura.

ROSANA BENI

Capítulo 1

O que é a Depressão sob o ponto de vista psicológico

> A PACIÊNCIA É UMA FORÇA. ELA RESULTA DE NOSSA
> CAPACIDADE DE PERMANECERMOS
> FIRMES E INABALÁVEIS SEJAM QUAIS FOREM
> AS CIRCUNSTÂNCIAS
> *DALAI LAMA*

1 – O que é a depressão?

Depressão é uma palavra com diversos significados. Todos eles ao redor do conceito de uma redução significativa de um ou mais fatores, em geral positivos, das atividades humanas, tanto individuais quanto sociais. Por exemplo, depressão econômica significa queda acentuada da atividade econômica. Em psicopatologia e psiquiatria, o termo depressão designa uma redução anormal e inesperada da motivação e dos estados de ânimo de uma pes-

soa, com graves consequências para seu comportamento e adaptação às obrigações cotidianas, tais como o trabalho, a família e as relações sociais e afetivas.

A pessoa relata uma forte queda de interesse, ou mesmo sua total ausência, em atividades que normalmente lhe pareciam aceitáveis e até mesmo agradáveis.

Frequentemente, a depressão é acompanhada de um quadro mais geral de sintomas, por vezes paradoxais, tais como insônia, episódios de grande ansiedade, perda ou grande aumento de apetite, tendência ao isolamento e ao silêncio, desinteresse generalizado. As grandes depressões psiquiátricas constituem o quadro clínico mais grave, no qual a pessoa percebe, e quando consegue, relata, com uma extrema intensidade os sintomas, experimentando grande sofrimento psicológico e não conseguindo sair do estado sem a ajuda profissional de um psiquiatra.

Popularmente, em seu sentido genérico, a depressão pode referir-se a muitos estados alterados de humor, interesse e motivação, desde uma depressão situacional com causa conhecida, como por exemplo uma grande perda afetiva, até uma depressão clínica.

2 – Quais as possíveis causas da doença?

A depressão está associada a um grande número de doenças e fenômenos, tanto fisiológicos quanto psicológicos e existenciais. Desde perturbações glandulares, doenças infecciosas, disfunções orgânicas de diversos tipos, até reações psicológicas a episódios e crises existenciais constituem fatores causais da depressão. Há, ainda, uma hipótese relativa a uma pré-disposição à depressão supostamente atribuída a fatores genéticos, além de correlações com traumas emocionais. Em suma, a depressão é um fenômeno psicológico causado por uma grande número de fatores possíveis sendo, portanto, sempre aconselhável seu diagnóstico preciso feito por um profissional.

3 – Como podemos identificá-la? Quais os sintomas mais comuns?

O testemunho mais comum refere-se, primariamente, a uma perda generalizada de interesse, a uma desmotivação geral para atividades que, antes, atraíam e animavam. Caso ocorra um agravamento dos sintomas, eles evoluem para crises de intenso mal-estar, sentimento de inadequação a qualquer ambiente – a pessoa não se sente bem em nenhum lugar – perda do significado de objetos, pessoas e atividades, que antes eram percebidas com muito valor. Fisicamente, pode ocorrer tanto perda de apetite quanto ocasional voracidade compulsiva, cansaço crônico chegando à prostração, até, no limite da gravidade, fantasias de suicídio.

4 – Existe um grau máximo dela? O que pode ocorrer com o indivíduo?

As grandes depressões psiquiátricas constituem o terrível extremo dessa triste doença, podendo, no limite, levar o individuo até mesmo ao suicídio. A incidência recorrente dos episódios depressivos acaba, ao longo dos anos, tendo um efeito muito destrutivo sobre o indivíduo, na medida em que perturba intensamente as sociorrelações em geral, tais como casamento, emprego e roda de amizades, além de perturbar seu bem-estar e seu ânimo básico.

5 – Existem diferentes estágios de depressão?

Sim. Quando a depressão é de natureza clínica, psiquiátrica, e não apenas situacional, circunstância em que pode nunca mais se repetir, tendo ocorrido apenas na situação específica. O diagnóstico diferencial deve ser feito por um profissional habilitado. É importante lembrar que ninguém deve subestimar o poder destrutivo de uma depressão, devendo, sim, tratá-la com o respeito com que se deve tratar toda doença.

6 – Ela pode ocorrer em qualquer idade?

Sim. Embora distintas em seus aspectos práticos e simbólicos, há depressões em todas as idades.

7 – Tem cura?

Sim. Especialmente depois que os psicofármacos evoluíram tanto. A psicoterapia bem-feita é capaz de tratar, e até eventualmente curar, a depressão, mas, com a evolução dos remédios, é sempre aconselhável recorrer a um bom profissional.

8 – Pode ser confundida com tristeza ou estresse? Como saber a diferença?

Sim. A depressão pode frequentemente ser confundida com reações afetivas a circunstâncias existenciais especiais – como perdas, lutos – a diferença pode ser percebida à medida que os sintomas permanecem, e permanecem, até mesmo quando as possíveis "causas" foram discutidas e trabalhadas e, ao menos supostamente, já deveriam ter passado.

O mais aconselhável, em caso de suspeita de depressão, é uma consulta aberta e franca com um profissional – psiquiatra ou psicoterapeuta – relatando a ele, ou a ela, todos os sintomas, com a maior transparência possível. Uma vez diagnosticado um quadro depressivo, o mais aconselhável é eleger um terapeuta confiável e seguir suas orientações, sem preconceito com o uso, sempre prescrito, de medicamentos. Por fim, a confiança de que os quadros depressivos têm, sim, contorno e cura.

Capítulo 2

Tudo é uma questão de equilíbrio. O tripé: saúde física, mental e espiritual

> A MELHOR MANEIRA QUE O HOMEM DISPÕE
> PARA SE APERFEIÇOAR, É APROXIMAR-SE DE DEUS
> *PITÁGORAS*

Nosso corpo é o nosso maior templo sagrado, pois ele é quem agrega nosso espírito em nossa jornada aqui na Terra. Por isso, não podemos nos esquecer de cuidar bem dele. Já diziam na Grécia Antiga: "Mente sã, corpo são".

Mas nem só de um corpo em condições perfeitas de saúde vive o homem. A mente é algo que comanda a harmonia ao nosso redor. Ter pensamentos bons e positivos, já é sabido, ajuda a afastar doenças e deixa até o sistema imunológico mais fortificado. Assim, dá para se concluir que tudo é uma questão de fazer a manutenção do corpo e cuidar para que a mente não se estresse. Certo? Não. Ainda falta a parte espiritual. E, aqui, não pretendo fazer apologia a nenhuma religião. Apenas acredito que todos nós precisamos ter a crença em algo, fé. Não é possível que passemos a Vida na certeza de que ela acaba aqui. Que somos apenas carne e osso. Há o espírito. E ele precisa de ajuda. E como!

Agora, sim, dá para entender que tudo é uma questão de equilíbrio no tripé que envolve os três tipos de saúde: física, mental e espiritual. E é sobre cada uma delas que falaremos nos próximos capítulos.

Capítulo 3

Saúde Física

Repito: como a casa em que moramos, nosso corpo também precisa de constantes reparos, de faxina, de que se cuide dele como se fosse o templo mais sagrado, pois ele carrega também a nossa alma, o nosso espírito em nossa jornada terrestre. É fundamental, portanto, que cuidemos bem dele. Exames de rotina, check-ups periódicos, exercícios físicos, alimentação equilibrada e saudável, sono em dia. Todos esses detalhes, quando cuidados com atenção, levam a uma Vida saudável, livre de doenças. Caso contrário, são a porta de entrada para diversos males em nossa Vida. Dentre eles, claro, está a depressão.

Tudo na Vida é uma questão de equilíbrio. O segredo é evitar os excessos (nada de exercícios físicos de mais ou de menos, por exemplo). Com certeza, o abuso de álcool, cigarro, gorduras saturadas não vão deixar seu corpo feliz. E sem o corpo fortalecido, a realização de seus sonhos e projetos se torna mais e mais difícil. Consequentemente, com sonhos frustrados, há mais tristeza em sua Vida e... um estado de depressão pode ter início.

Capítulo 4

Saúde Mental

TODO ESTADO MENTAL NEGATIVO TEM UM FIM
DALAI LAMA

Nossa mente é nossa aliada. Ela consegue materializar nossos sonhos e desejos. Por isso, sempre falamos: "Cuidado com o pensamento negativo, pois ele atrai o fracasso para seu destino".

Ocupe sua mente com tudo o que você quer que aconteça em sua Vida, e não temendo o contrário. Tire os "medos" de seu pensamento. Exemplos? Medo de perder o emprego, de ser assaltado, de ficar velho e sozinho etc.

Em vez disso, toda noite, antes de dormir, mentalize as coisas boas e o que quer receber em sua Vida. Por exemplo: ser sempre saudável, ter prosperidade financeira e assim por diante. Mas lembre-se de mentalizar tudo com DETALHES. Se quiser ter um emprego onde vá receber um salário duas vezes maior que o atual, imagine a empresa para qual estará trabalhando quando isso acontecer, o cargo que irá ocupar, a mesa onde irá se sentar... Pense de forma sábia e sempre com atitudes éticas e responsáveis. Ou seja, não vale ambicionar o cargo de um colega e torcer para que ele seja demitido e você ocupe a sua vaga. Lembre-se (parece frase de para-choque de caminhão, mas é a pura verdade): tudo o que você deseja aos outros volta triplicado para você – isso já foi devidamente provado pelas leis da Física Quântica. O segredo é mentalizar coisas boas para você e para os outros, sempre. Assim, atrairá a felicidade para a sua Vida.

Pensar positivo, mesmo nos piores momentos de sua Vida atrairá uma Luz no fim do túnel. Se para isso é necessário se agarrar à sua religião, vá em frente! Dessa forma, sua fé será fortalecida. Por outro lado, se você se sente mais leve meditando ou ficando em silêncio contemplando a natureza, ótimo também! Se estar ao lado de amigos o faz otimista, mãos à obra! O importante é você manter sua mente fortalecida e em equilíbrio. Abasteça-a só com coisas boas.

Há hoje diversos filmes e livros sobre a força do nosso pensamento. Um deles é o consagrado *What The Bleep do we Know?*, EUA, 2005 (Em tradução livre *Quem*

Somos nós?) e o outro o livro *O Segredo*, best-seller da norte-americana Rhonda Byrne – só para citar alguns.

Acredite que aquele que está ligado ao sagrado, ao divino, sempre estará amparado por Deus nas horas mais difíceis de sua Vida. Para ajudá-Lo a lhe ajudar, abra os caminhos com bons pensamentos. Ficará mais fácil para Ele e seus "assessores" (anjos, seres de Luz) o encontrar e iluminar seus caminhos. Mantenha uma energia limpa e brilhante ao seu redor, que muitas pessoas do Bem irão se aproximar.

Tenha certeza disso. Quero também indicar a sabedoria da Seicho-no-ie, que nada tem a ver com religião. Trata-se de uma filosofia para que você se fortaleça e resgate a forma positiva de pensar e viver. Admiro muito a Seicho-no-ie, que conheci pela minha mãe, Joracy Maria Beni (*em memória*), a qual agradeço muito por isso. No site http://www.sni.org.br, há indicações de livros, endereços e outras informações para quem quiser se aprofundar no assunto.

Ah, lembre-se sempre de que a depressão não é um pecado, mas o que ela faz pecado nenhum pode fazer. Existem dois tipos de depressão: uma construtiva e outra destrutiva. A primeira é o desespero da humildade, de uma pessoa que não apenas reconhece suas falhas, mas que se importa o bastante para dedicar-se a elas. É o desespero de uma pessoa que se aflige por causa de seus defeitos e das oportunidades perdidas, mas que se recusa a ficar indiferente aos seus problemas e aos problemas do mundo. O segundo desespero é aquele de uma pessoa que desistiu de si mesma e de seus semelhantes, que permitiu que a melancolia esgotasse sua esperança. O primeiro tipo de depressão é um trampolim para o autoaperfeiçoamento; o segundo, um poço sem fundo.

Para derrotar a depressão, você precisa inserir uma nova perspectiva em seu pensamento. Precisa começar a substituir pensamentos inquietantes, destrutivos, por pensamentos positivos, construtivos. Pense positivo e tudo ficará bem. Isto não é otimismo tolo; isto é reconhecer o bem mesmo dentro de uma situação aparentemente ruim. Reconhecer que lutar contra seus temores significa superar um desafio.

Capítulo 5

Saúde espiritual
A importância da espiritualidade na vida das pessoas

CADA INSTANTE DE FELICIDADE É UNICO! VIVA-O
PLENAMENTE
DALAI LAMA

Como já disse no meu livro *O Resgate do Bem* (Editora Novo Século, 2004, 96 págs.), a "espiritualidade é sua atitude no dia a dia". Seja mais amoroso, tenha compaixão, gratidão, seja ético. Todas as atitudes do bem o fazem uma pessoa espiritualizada. Não é preciso subir uma montanha ou ser um ermitão para alcançar isso.

Mestres passaram isso em seus livros sagrados. Somos nada mais do que seres espirituais em vivência humana. A energia da Vida que move seu corpo é a mesma que move sua mente.

A felicidade é feita de equilíbrio, como já disse. Equilíbrio físico-mental-espiritual. São inúmeros e milenares filósofos, pensadores, estudiosos, que já provaram isso. Diversos livros de autoajuda, religião e filosofia já informaram isso também. Mas muitas pessoas ainda ignoram a importância da espiritualidade na Vida delas. Ou só se lembram dela quando passam por um acontecimento triste.

Por isso, quebre paradigmas. Tire o preconceito de sua Vida sobre espiritualidade. Abra sua mente. Leia, pesquise e você encontrará seu caminho na senda espiritual. Não tem a ver com religião. As religiões podem e devem ajudar a sua religação com a sua essência espiritual. A fé é um dos caminhos mais seguros para isso. Mas a fé deve ser exercitada constantemente. Principalmente, a fé em você mesmo.

Você é filho de Deus e Ele tem um plano para cada um de Seus filhos, ou seja, para cada um de nós! Por isso, viva intensamente, com respeito, alegria, satisfação, vontade, persistência e amor. Não interrompa nunca, por qualquer que seja o motivo, o ciclo que Ele lhe ofereceu. Não abrevie sua existência na Terra. Você veio para trazer aos outros uma mensagem de viver bem e feliz com aqueles que escolheu durante seu ciclo. Ame intensamente a natureza, os animais e tudo que o mundo lhe oferecer. Não interrompa sua caminhada, pois a felicidade está em achar soluções para sua Vida e conseguir comemorar as vitórias. Mantenha este compromisso com dignidade. E lembre-se: nunca deixe de ajudar o próximo. Só assim será feliz!

Nada acontece por acaso, MESMO! Problemas, tristezas servem para exercitar sua fé e sua criatividade para solucioná-los. Agradeça a Deus todos os dias por sua Vida e cuide muito bem dela, pois, no final, sua recompensa chegará por ter cumprido sua missão como Ser Humano digno e honesto perante um mundo de provações.

A vitória sempre chega aos puros de coração e você é um deles. Tenha a certeza disso!

Além do mais, ter fé significa, principalmente, acreditar que tudo, mas tudo mesmo, nesta Vida e na outra (ou outras); faz parte de um plano divino, traçado por Deus. Da perda de alguém querido até o encontro de duas almas gêmeas passando pelo simples piscar de olhos. Tudo obedece ao comando de Deus. E Deus é feito de pura bondade. Então, tudo o que emana dele, até aquilo que, à primeira vista, possa parecer algo terrível e desolador, acontece para um bem maior. Talvez a capacidade para enxergar ou compreender isso só venha com o passar do tempo (outro instrumento criado por Deus para amenizar nossa dor). Quantas vezes olhamos para trás e nos perguntamos: "Como pude me envolver naquela situação ou com aquela pessoa?!". Mas é necessário ter a convicção de que tudo vem da mão de Deus e é feito para nosso bem e crescimento espiritual. Seja para aprimorar nosso caráter, seja para resgatar alguma dívida cármica, tudo, tudo mesmo tem um propósito: o de fazer-nos Seres Humanos melhores.

Assim, quando estiver sentindo que a infelicidade está tentando dominar seu espírito, pare e pense que tudo tem um propósito maior que, muitas vezes, está longe do alcance de nossa compreensão. A tristeza existe e deve ser sentida, mas não deve dominar completamente nossa Vida, levando-nos à depressão. Quanto mais rápido fizermos as pazes com a alegria, mais cedo estaremos aptos para entender o porquê de termos passado por certos percalços em nossa trajetória.

Imagine a cena: uma criança entra, driblando a segurança, em uma sala de parto no hospital onde sua mãe está dando à luz seu irmãozinho. Certamente, ao ver a mãe sangrando, deitada em uma cama e cercada de médicos a criança pensará que ela está morrendo, mas, na verdade, está dando Vida a outro ser. Na nossa trajetória, muitas vezes agimos como crianças que não compreendem a realidade em que estão inseridos. Ao passarmos por um conflito, achamos que ele é do Mal. Depois, percebemos que ele veio para o Bem. Isso acontece porque não temos a visão do filme completo, apenas de cenas dele. Só o Criador tem controle total sobre o roteiro e direção do longa-metragem chamado VIDA. Confie Nele.

CAPÍTULO 6

DICAS PRÁTICAS PARA AFUGENTAR A DEPRESSÃO

PURIFIQUE TEU CORAÇÃO PARA PERMITIR QUE O
AMOR ENTRE NELE, POIS ATÉ O MEL MAIS DOCE
AZEDA NO RECIPIENTE SUJO

Como prometido no início deste livro, enumero atitudes para serem adotadas no dia a dia, a fim de evitar que a depressão se instale em sua Vida.

É importante lembrar que nossa intenção não é substituir um tratamento tradicional, com acompanhamento médico, nos casos mais graves. São apenas ações que vão ajudar a não mergulhar na depressão ou mesmo deixar que ela se instale, tirando a força de viver.

Com pequenas atitudes, você pode reconquistar sua autoconfiança e amor-próprio, as primeiras vítimas a serem atacadas pela depressão, quando ela inicia seu processo. São passos simples, mas nem por isso fáceis. Antes de tomá-los, tenha a certeza de que está fazendo tudo de coração aberto e ciente de que, com eles, estará afastando essa sombra de sua Vida.

Nos próximos capítulos, vamos detalhar cada uma dessas ações. A seguir, as enumeramos, para que você já vá pensando em como mudar sua atitude. Boa sorte!

- Seja solidário

- Cuidado com o que você vê, lê ou escuta

- Comemore suas vitórias (mesmo as pequenas)

- REINVENTE-SE

- Não se isole nunca!

- Natureza, sempre!

- Não se apoie em muletas como drogas e álcool

- Dinheiro não é tudo

- A fé em si próprio

- Você é o responsável pela realização de seus sonhos

- Inveja: não entre nessa fria

Capítulo 7

Faça amizade com o perdão

TODO ATO NEGATIVO PODE SER PURIFICADO
PELA FORÇA DO ARREPENDIMENTO
DALAI LAMA

Muitas vezes, brigamos com alguém e, no auge da discussão, dizemos: "Nunca mais vou lhe perdoar" ou "Não quero ver sua cara na minha frente enquanto eu viver". A partir daquele momento, tomamos a decisão de riscar de vez aquela pessoa do nosso "caderninho". Ela é arrancada de nossas Vidas, como se tivesse morrido. Será que isso é saudável? Será que, em vez de agir dessa maneira, o melhor não seria se calar, esperar o fervor da discussão esfriar e, depois, tentar conversar? E, se fosse o caso, que as relações fossem cortadas, mas sem mágoas para nenhuma das partes?

O calor que uma discussão provoca só faz mal aos envolvidos nela, que muitas vezes sai da esfera da briga a dois e acaba envolvendo outras pessoas. Daí, cria-se uma verdadeira Liga do Mal, por meio da qual se espalha a discórdia e a desunião.

Psicólogos e cientistas já chegaram à conclusão de que muitos tipos de câncer são desencadeados a partir de um coração amargurado, que carrega ressentimentos e tristeza. Um dos passos para livrar a válvula mitral de todo esse peso é praticar o perdão.

Mas quando digo praticar o perdão não quero me referir àquele feito "da boca pra fora". Não adianta procurar seu desafeto, pedir desculpas, ensaiar uma reconciliação e, ao virar as costas, dar continuidade à tal Liga do Mal.

O perdão tem de vir da alma, da nossa essência. É entender que, como nós mesmos, o outro é passível de erro. O ponto de vista dele é diferente do seu. Suas motivações são outras. Sinta o momento certo para perdoar, ou seja, que será capaz de viver daqui para a frente, sem ficar resgatando o que passou.

Ligue para o seu desafeto, marque um encontro (nada melhor do que uma conversa tipo olho no olho) e abra seu coração. Mas, com isso, não quero dizer para você ir armado com toda sua bagagem de mágoas e despejar diante do outro. Esteja com o coração aberto, principalmente, para ouvir e tentar ver o outro além de seu próprio umbigo. Faça isso, principalmente, se a pessoa é importante em sua Vida, na Vida de sua família. A HARMONIA ajuda a ter uma Vida mais leve e livre de "pesos mortos", como tristeza, mágoa, solidão e afins.

Capítulo 8

Seja solidário

> A VERDADEIRA RIQUEZA DE UM HOMEM É O BEM
> QUE ELE FAZ NESTE MUNDO
> *MAOMÉ*

Às vezes, estamos tão envolvidos em nossas preocupações e problemas, que nos esquecemos de olhar a dor do outro. Daqueles que passam por necessidades ou dificuldades maiores até do que as nossas. Certa vez, conheci uma pessoa que, quando os filhos mergulhavam em marés de birras, desobediência, reclamações sem--fim, ela os colocava dentro do carro e os levava para dar uma volta pelas marginais de São Paulo, para que eles observassem as pessoas que tentavam sobreviver da forma mais humana possível em casebres feitos de madeiras e outros materiais improvisados. Ela dizia que a lição funcionava perfeitamente.

Como adultos, acredito que não precisemos de um choque de realidade tão grande assim... Mas uma boa maneira de dar um basta em nossa visão egoísta, centrada em nossos próprios problemas, é praticar o voluntariado. E afirmo isso com base em minha própria experiência. Desde o início da minha carreira, sempre ajudei entidades beneficentes. Por meio de minha capacidade técnica, organizo eventos, apresento pessoas que possam ajudar na causa; trabalho pelas entidades que mais precisam, que são inúmeras. Vale a pena.

E não basta juntar caixas, roupas velhas e entregar para a doação. Vá até a entidade. Faça uma visita, e se possível, tente acompanhar de perto seu funcionamento, suas atividades. É preciso participar também. Muitas vezes, nesses locais, encontramos pessoas que ficam mais felizes com meia hora de uma conversa amiga do que com um cobertor novo. Compartilhar é uma das maneiras de receber também. Quanto mais nos entregamos a uma causa, mais nos abrimos para sermos ajudados pela força de Deus.

O exercício da solidariedade não precisa e nem tem de ficar restrito a ONGs, fundações, entidades filantrópicas. Vale também – e muito – ajudar um parente que esteja em dificuldades financeiras, solitário, triste, deprimido. Afinal, muitas vezes buscamos ajudar quem está tão longe de nós e nos esquecemos daqueles que estão mais próximos. Vale ser um voluntário oferecendo apenas um "ombro amigo". A lição é compartilhar aquilo que você tem de bom: pode ser uma boa história, uma piada, uma receita de bolo deliciosa, uma dica de passeio, um conselho. O segredo é tirar o egocentrismo da jogada... Sabe o que você vai ganhar em troca? Uma autoestima fortalecida.

Capítulo 9

Autoestima – Cuide bem dela

O AMOR E A COMPAIXÃO QUE DAMOS AOS OUTROS NOS AJUDAM A NOS LIBERAR DAS EMOÇÕES NEGATIVAS
DALAI LAMA

No capítulo anterior, concluímos que a prática da solidariedade fortifica a autoestima. E se há um antídoto para a depressão, ele é a autoestima. Mas, muito cuidado: autoestima não significa arrogância, prepotência, orgulho, mas sim ter a segurança de saber que você está aqui por uma missão, independentemente de suas qualidades e defeitos (os quais, afinal, todos nós temos). Uma nota de R$ 20 continuará com seu valor mesmo que ela seja riscada, pisoteada, amassada. É assim que temos de pensar que somos: não importa o quanto sejamos humilhados, pisoteados, "amassados", sempre teremos o valor que Deus nos embutiu ao nascermos. Para isso, não precisamos achar que somos superiores a ninguém (e muito menos o contrário disso). Esse é o segredo da autoestima sábia. E uma autoestima sábia leva a pessoa a qualquer lugar que ela queira ir, seja financeiramente, espiritualmente ou fisicamente.

Mas como ninguém aqui é super-herói, é bom que se fique atento e idenfique pessoas que colocam sua autoestima lá embaixo. É preciso que você, nesse momento de pré-depressão, tome algumas precauções e se afaste de qualquer pessoa ou situação que o leve à autoestima baixa (tenho certeza de que, quando estiver lendo isso, vai se lembrar de uma situação ou personagem assim).

Entretanto, um alerta: o afastamento deve ser feito da maneira mais gentil e educada possível. Diga com licença e saia (numa festa, por exemplo). Você não precisa de "presentes" como palavras rudes, ofensivas, de baixo calão, que recebe de outra pessoa e que acabam afetando sua autoconfiança.

Capítulo 10

Cuidado com o que você vê, lê ou escuta

O CONHECIMENTO AUXILIA POR FORA, MAS SÓ O
AMOR SOCORRE POR DENTRO
ALBERT EINSTEIN

O Ser Humano, desde o nascimento, é a somatória de todos os estímulos do ambiente em que vive. Assim, dizem os psicólogos, é preciso que se tome muito cuidado com aquilo que vemos, ouvimos ou lemos. Quer um exemplo? Quem nunca se sentiu tenso ao assistir a uma perseguição policial, ao vivo, pela TV? Ou triste diante de um final trágico de romance, num livro no estilo *Romeu e Julieta*? Ou não conteve as lágrimas ao ouvir aquela canção que o remeteu à memória de alguém querido, que, infelizmente, já não está mais entre nós?

Daí, fica fácil concluir que, estando vulneráveis à depressão, com a tristeza batendo à porta, é melhor preferir uma conversa agradável, com assuntos construtivos, que o façam um Ser Humano melhor, àquelas que só trazem relatos de desgraças, fofocas etc. Na hora de ir à locadora de DVDs, sem hesitar, prefira a sessão de comédias. Enfim, procure sempre acrescentar, por meio de livros, filmes, músicas, coisas positivas em sua Vida, que aumentem sua cultura, sua energia.

Se você duvida disso tudo, faça uma experiência: numa noite, passe a assistir desenhos animados, daqueles antigos, tipo Pernalonga, Pica-Pau. Depois, vá dormir. Verá como seu sono será tranquilo. No dia seguinte, experimente assistir a algo mais violento na TV, como os filmes de terror ou de ação, daqueles bem sangrentos. A chance de ter pesadelos será enorme.

Estudos indicam que inícios das brigas podem ser motivados por algo que você viu na TV e o deixou mais tenso, o que resultou em uma resposta mais ríspida a alguém e, daí, a confusão está armada. A emoção não é sua, mas sim daquilo que você viu ou ouviu...

A fofoca

Ah, um assunto importantíssimo, que deve ser evitado a todo custo: a fofoca. Não importa o que aconteça, nunca se entregue a esse vício tão destruidor. Você pode até achar que é exagero meu, mas a fofoca é algo que só desagrega as pessoas umas das outras. Ela nada mais é do que a prática da destruição de outra pessoa por meio da palavra. Mas engana-se quem pensa que o único prejudicado é o sujeito que é objeto da fofoca. Com ela, no mínimo três pessoas são afetadas: quem faz a fofoca, quem ouve e daquele que se fala. Como? Tomemos o seguinte exemplo: no seu trabalho, há um sujeito que você acha extremamente antipático. Durante meses, você guardou essa impressão para si e nunca a compartilhou com ninguém. Num determinado dia, você se encontra com um colega no bebedouro e resolve dividir com ele sua impressão sobre o tal "antipático". Aquele que ouve nunca tinha percebido tal característica no colega em questão, mas a partir do seu comentário ele também passa a achar a mesma coisa. O tal do "antipático" em questão, que na verdade não passa de um sujeito supertímido, começa a se sentir excluído do grupo, sua autoestima desmorona e o rendimento dele no trabalho cai. Pergunta: você acha mesmo que a Justiça Divina vai deixar que o fofoqueiro e seu ouvinte passem impunes ao mal que causaram? Pode ter a certeza de que isso não irá acontecer.

Mensagens da água

Mais uma prova de que o Ser Humano, assim como qualquer matéria viva, é suscetível aos estímulos do ambiente em que se encontra é o estudo feito pelo pesquisador japonês Masaru Emoto. Em seu livro *Mensagem da Água e do Universo* (Editora Isis, 2009, 102 págs.), ele revela suas experiências, nas quais investiga o fenômeno Hado (palavra japonesa para onda ou movimento). Esse fenômeno consiste em alterar o padrão vibratório da água por meio de música, imagens, xingamentos e orações. Mas como saber que a água foi alterada por esses estímulos? Em seus estudos, Emoto constatou que a prova de que a água é alterada está na observação dos seus cristais, após o congelamento. O mais interessante é que a ciência não consegue controlar o processo de formação dos cristais, mas, pelo visto, o pensamento o faz.

E como isso funciona? As gotículas de água que receberam estímulos como músicas suaves, palavras amáveis e orações, ou seja, foram mais "bem tratadas", acabaram, após seu congelamento, formando os mais belos e exóticos cristais de água. E adivinhe o que aconteceu com as que foram ignoradas ou xingadas... Não formaram cristais.

Emoto também levou seus experimentos para os alimentos. Uma tigela de arroz cozido, que recebeu bons pensamentos e palavras de carinho levou mais tempo para se decompor do que uma outra, também com arroz cozido, que foi xingada ou ignorada.

Se matérias feitas de moléculas vivas, como água e arroz, reagiram assim ao experimento de Masaru Emoto, seria ingenuidade nossa achar que o Ser Humano, cuja composição corporal é de até 75% de água, passaria ileso à situações como xingamentos ou palavras de carinho. Portanto, há de se tomar todo cuidado se protegendo de situações que levem à ofensas verbais, palavras rudes, ríspidas, sujas. Lembre-se: ninguém tem o direito de falar palavras de baixo calão a ninguém. Elas podem prejudicar a saúde de seu corpo.

Capítulo 11

Cuidado com o que você fala

NÃO HÁ SATISFAÇÃO MAIOR DO QUE AQUELA
QUE SENTIMOS QUANDO PROPORCIONAMOS
ALEGRIA AOS OUTROS
MASAHARU TANIGUCHI

E não adianta nada se monitorar para não ficar perto de pessoas negativas e que adoram uma fofoca se você mesmo é uma delas! Preste atenção ao que sai de sua boca. Cuidado ao se referir à outra pessoa.

Há um ensinamento antigo, da época de nossas avós, que diz: "A pessoa reclama que certa coisa que ela comeu fez mal, como se aquilo que ela põe para fora, em palavras, não fizesse". Nossas palavras podem ser tão prejudiciais ao nosso organismo como um belo copo de leite estragado. Com o agravante de que elas atacaram nossa alma também.

Evite julgar os outros ou tirar conclusões precipitadas sobre determinada atitude tomada por alguém. Lembre-se: nós nunca sabemos o roteiro inteiro do filme. Só Deus.

Caso sinta que uma discussão ou determinada situação está ficando acalorada e você acabará ofendendo verbalmente alguém, respire fundo, peça licença e diga que é melhor que a conversa continue depois. É preciso que cada um assuma a responsabilidade sobre seus atos. E controlar a boca é um dos trabalhos mais difíceis que o Ser Humano pode ter. Eu disse *difícil*, não *impossível*!

Capítulo 12

Comemore suas vitórias (mesmo as pequenas)

A ALEGRIA É UM PODER. A CULTIVE.
DALAI LAMA

Lembre-se de valorizar cada conquista de sua Vida. Seja ela o emprego de seus sonhos ou até encontrar uma vaga no estacionamento lotado de um shopping ou o fato de não ter perdido o controle quando o aquecedor a gás não funcionou naquela manhã...

E por que celebrar? Por um motivo realmente simples: se você não se der o devido valor, e isso inclui tudo o que conquistar, quem mais dará? O reconhecimento tem de partir de você mesmo. E não se trata de sair por aí se vangloriando ou contando vantagem daquilo que obteve. Na verdade, trata-se de algo mais silencioso, discreto.

A comemoração não precisa ser muito complexa. Vale até olhar no espelho e se cumprimentar, dizendo: "Foi muito bom o que você fez. Parabéns!".

Se quiser ousar um pouquinho mais, compre uma peça de roupa, saia para jantar fora, faça um corte novo nos cabelos, abra uma garrafa de vinho, de champanhe, uma latinha de cerveja ou de refrigerante e erga um brinde, ainda que interno, sem verbalizar se não quiser, para aquilo que acabou de conquistar. Cada gesto é importante e conta muito.

Além do mais, lembre-se do princípio de que tudo o que acontece em nossa Vida é para nosso bem. Então, nada mais gentil para com a Vida e com Deus do que agradecermos por aquilo que ganhamos. Lembre-se ainda de que você recebe exatamente aquilo que pede ao Universo. Assim, se você nunca estiver satisfeito com aquilo que obteve, e só reclamar, logo logo irá perder aquilo que conquistou, pois o Universo entende que você não gostou daquilo e, imediatamente, irá tirar de você. Daí, vem a velha história de que só se dá valor a algo depois de perdê-lo. O que é extremamente triste. Aprenda a ver o lado bom das coisas e celebrar até aquilo que, de início, não parece ser tão benéfico assim. De novo, vale recordar que Deus nunca age para nosso mal, mesmo que, à primeira vista, não consigamos entender direito qual é Seu objetivo.

Capítulo 13

Reinvente-se!

> MESMO AS NOITES COMPLETAMENTE SEM ES-
> TRELAS, PODEM ANUNCIAR A AURORA DE UMA
> GRANDE REALIZAÇÃO
> *MARTIN LUTHER KING JR*

Diz o antigo provérbio: "Cérebro desocupado, máquina do diabo". Não fique parado nunca. Se nossos músculos se atrofiam sem atividade física, imagine a nossa mente. Ela sempre precisará de estímulos. E, para isso, nada melhor do que se envolver em novos projetos, mesmo que os filhos já tenham crescido, saído de casa e você não se veja como aluno de um curso, nem que seja de cerâmica. Quem sabe a hora de estudar não seja essa, que você tem todo o tempo do mundo para suas necessidades?

Pode ser construir um jardim em casa, aprender uma nova atividade, um concurso para a Terceira Idade, um novo curso. Não deixe sua mente se aposentar junto com sua carteira de trabalho!

Somente a evolução e o eterno aprendizado leva à satisfação e à felicidade. Seja um eterno aluno. Só assim vai ter forças para levantar da cama todas as manhãs e recomeçar.

Lamento não traz felicidade

Uma atitude importante contra a depressão é não ficar se lamentando pelas oportunidades que passaram e você não agarrou (seja um amor do passado, uma oportunidade de emprego, de estudo, de negócios)... Outras virão. Mas é preciso ficar atento aos sinais e às situações oportunas.

Também não fique chorando por alguém que lhe despreza. As lágrimas o impedirão de ver alguém que o ama e respeita. Isso mesmo! Não se entristeça ou se feche na solidão da frustração e do desprezo. Há tanta gente no mundo esperando o seu amor, seu carinho e o seu jeito de ser. Você sempre será especial para alguém. Basta abrir os olhos da alma para saber quem é esse companheiro ou companheira.

E isso vale também no momento de, por exemplo, receber a notícia de que perdeu o emprego. Essa é a hora de criar novas oportunidades, desenvolver suas outras habilidades, aprimorar o que precisa ser aprimorado e continuar a batalhar pelo emprego que você sempre sonhou. Você é capaz de desenvolver várias atividades ao mesmo tempo! Seja CRIATIVO! Enquanto você está criando, com a mente ativa, estará sempre movimentando seu cérebro e, assim, sua energia vai fluir bem melhor. Mas, atenção! Cuidado para não se cobrar demais.

Fuja da posição de vítima

Uma das maiores armadilhas para cair na depressão é assumir o papel de eterna vítima e usá-lo como refúgio para enfrentar a realidade. Teve uma infância difícil? Ainda não encontrou o amor de sua Vida? Está sempre com dificuldades financeiras? Ótimo! Já que diagnosticou tudo isso, agora é olhar em volta e ver o que tem para resolver e seguir em frente. Quem fica eternamente se lamentando como vítima da Vida, do mundo, das outras pessoas, nunca sai do atoleiro e só se afunda cada vez mais. É preciso encarar os problemas, mas não deixar que eles o façam menor, frágil, desprotegido.

Dizendo assim parece óbvio e será raro encontrar alguém que diga: "Oba, adoro bancar a vítima e passar a

Vida sofrendo". Mas esse processo se dá num nível muito mais do nosso inconsciente do que podemos imaginar. É preciso estar muito atento para perceber que estamos usando os percalços de nossa Vida como escudo, desculpa para não progredir. Trata-se de um trabalho árduo, de tirar camadas de tintas que usamos para colorir a realidade com as nossas cores. Ter coragem para descascar essa fantasia e agir com responsabilidade diante da Vida é muito difícil. Mas é algo imprescindível, um exercício que deve ser feito diariamente. Pelo nosso próprio bem.

Um bom começo é se trancar no banheiro, de frente para o espelho, encarar seus olhos e dizer, com toda convicção: "Eu não sou vítima de nada. Sou senhor do meu próprio destino". No início vai parecer um pouco estranho, mas com o tempo você verá que o efeito disso é ver a si mesmo com olhos mais críticos e enxergar os outros com um pouco mais de compaixão. Afinal, preste atenção: as pessoas só fazem com a gente aquilo que permitimos que elas façam. Ninguém nasceu para ser vítima de ninguém.

Capítulo 14

Não se isole nunca!

> FICAR CONTENTE COM A INFELICIDADE DO INIMIGO, COM SEU DESESPERO, SENTIR-SE VINGADO PELO QUE ELE O FEZ PASSAR, NUNCA VAI LHE TRAZER FELICIDADE
> *DALAI LAMA*

John Donne (1572-1631) foi um notável poeta inglês. É dele a máxima: "Nenhum homem é uma ilha". Um dos sintomas da depressão é a vontade de ficar sozinho, de se isolar. Muitas vezes, essa vontade vem acompanhada por um desejo incontrolável de dormir, de ficar na cama o dia inteiro, escondido debaixo do edredom. Não se entregue a esse impulso!

Faça parte de grupos, sejam eles religiosos, comunitários, filantrópicos, de estudo. Sentindo-se parte de um grupo, uma comunidade, fica mais difícil cair na depressão. Atue como uma espécie de *promoter* de sua própria Vida. Não deixe de procurar as pessoas, tentar reuni-las. Faça um esforço (nem que, na primeira vez, ele pareça sobre-humano). Não se acomode. Sei que pode parecer difícil, mas se ninguém ligou, ligue você, tome a iniciativa. Arme pequenas ou grandes reuniões, reveja os amigos antigos. Aliás, você sabe o nome do seu vizinho?

E um detalhe muito importante: a internet e as redes sociais devem servir de ferramentas para aproximar as pessoas, principalmente em reuniões reais, não virtuais. Elas são um complemento para sua rede de amizades, para sua Vida. O essencial é, sempre, cultivar as relações. Afinal, somos Seres Humanos, certo?

Estudos indicam que o perfil do profissional do futuro traz, dentre suas qualidades, uma que vem sendo requerida desde já pelas empresas mais modernas de todos os setores: são pessoas que conseguem comandar sem dominar. Assim, o profissional que mais conseguir se relacionar com seres humanos, sem lançar mão de gritos, autoritarismo e grosseria, métodos felizmente já ultrapassados, terá um futuro brilhante.

A palavra-chave que rege os relacionamentos humanos é a articulação. Seja um articulador na hora de fazer amizades, construir sua rede social. Só assim você nunca será uma ilha.

Capítulo 15

Natureza, sempre!

> NOSSO ÚNICO E VERDADEIRO PODER CONSISTE EM AJUDAR O OUTRO. NÃO SOMOS UMA ENTIDADE SEPARADA DO RESTO DO MUNDO. O MUNDO SOMOS NÓS. NÓS SOMOS O MUNDO
> *DALAI LAMA*

Para a maioria das pessoas, estar em contato com árvores, flores, grama, animais é algo relaxante, que ajuda a desanuviar a mente e aquietar o coração. Se esse for o seu caso, invista num fim de semana num hotel fazenda, na praia, num sítio. Lá, saia para longas caminhadas (descalço ou não), sem pressa de voltar. Durante o percurso, tente não pensar em nada. Se ficar difícil (e é), concentre-se em sua própria respiração. Sinta como seus pulmões se enchem de ar e depois como se esvaziam. Tente ouvir o pulsar do seu coração, enfim, aprecie a máquina perfeita que foi dada a você por Deus. Sim. Estou falando do seu corpo. À medida que for respirando, imagine que, com o ar, uma energia de cura invade todo seu ser e faz uma verdadeira "faxina interior", retirando todas as prováveis doenças que se instalaram ou estão querendo se instalar em você.

Se ajudar, ouça música enquanto caminha. Ao se sentir cansado, escolha um cantinho para se sentar, esticar as pernas, fechar os olhos e prestar atenção à Vida pulsante que reina na natureza à sua volta. Se estiver num lugar próximo à uma cachoeira, vale um banho nela (mas cuidado, porque esses locais costumam ser propícios para acidentes, como escorregões etc). No caso de seu destino ter sido a praia, será que não está na hora de um banho de mar? E se estiver sol, entregue-se a ele, em horários adequados, até às 11 da manhã e depois das 15. Sinta como o astro-rei aquece seu corpo e lhe "abraça" com sua energia. Revigore-se com ele.

Mas se viajar está fora das suas possibilidades ou planos, vale ir até o parque mais próximo de sua cidade e praticar todo o "ritual" acima descrito. É, como se diz, um "santo remédio". Acredite.

Ah, conheço pessoas que, por mais incrível que possa parecer, ficam extremamente irritadas num clima de natureza total. São os chamados "seres altamente urbanos". Para eles, recomendo caminhar pelas ruas mais tranquilas da cidade, prestar atenção às pessoas, às situações, sentar-se num banco de shopping, por exemplo, e também dar atenção a seu próprio ritmo biológico. Pode soar estranho, mas também funciona.

Os adeptos de incenso também podem lançar mão desse recurso e passar algumas horas sentados sobre o tapete da sala, respirando, meditando e sentindo sua agradável fragrância.

Enfim, vale tudo para manter a mente quieta e o coração tranquilo.

Capítulo 16

Não se apoie em muletas como drogas e álcool

A LUZ EXPULSA A ESCURIDÃO. O CALOR FAZ DESAPARECER O FRIO. AS QUALIDADES POSITIVAS DO ESPÍRITO IMPEDEM OS FATORES NEGATIVOS DE SE MANIFESTAREM

Quando estamos à porta da depressão, muitas vezes somos tentados a recorrer a "muletas" que, se não forem imediatamente descartadas, vão acabar nos afundando cada vez mais. Refiro-me às drogas e ao álcool. É sabido que uma porcentagem significativa de dependentes químicos iniciou sua triste trajetória num momento de depressão. Cuidado! Não há nenhum mal em tomar um drinque para relaxar e fazer esquecer um dia tenso de trabalho, por exemplo. Mas preste atenção para que a atitude não se torne corriqueira e, ao menor sinal de contrariedade, se recorra ao uísque com gelo.

Importantíssimo: os remédios para controlar a ansiedade e depressão só devem ser usados se forem realmente necessários e, obviamente, receitados pelo psiquiatra (o psicólogo é impedido de prescrever medicamentos). Há situações em que seu uso é mais do que necessário e recomendado. Mas, repito, só um profissional capacitado saberá avaliar. E, se esse for seu caso, converse com o especialista, veja quais são os riscos e benefícios e aceite o que ele achar que é melhor para você nesse momento. Na maioria dos casos, o uso de remédios contra a depressão e ansiedade é temporário, só para ajudar a equilibrar seu estado emocional.

Quanto ao uso de outras drogas, ele não é recomendado nem em situações nas quais a pessoa está "saudável", quanto mais à beira da depressão. Lembre-se: o sentimento de euforia que elas podem proporcionar é passageiro e, depois que seu efeito passa, a sensação de tristeza volta com mais força e tudo fica mais difícil de ser encarado. É semelhante a uma lâmpada antes de queimar. Ela passa por uma espécie de brilho intenso, como se fosse uma pequena explosão, e depois se apaga de vez. O mesmo ocorre com as drogas: o entusiasmo fácil e exagerado cede vez à penumbra, desilusão e imensa melancolia. Fuja desse caminho sem volta! Agora e sempre!

Uma outra válvula de escape muito recorrente quando se está em estado pré-depressão é a compulsão por comida. Há pessoas que descarregam na boca e no estômago toda a tristeza que carregam no coração. Perigo à vista! Além de se sentir mal depois, com medo de ganhar uns quilos na balança, ainda fica a sensação de vazio e tristeza, como a que acompanha o pós-uso de álcool e drogas. Não há o menor problema em se presentear com um colorido *cupcake*, se estiver com o astral baixo, mas fazer disso uma regra é tão perigoso quanto esvaziar uma garrafa de uísque em dois ou três dias. Portanto, olho-vivo e boca fechada!

Capítulo 17

Dinheiro não é tudo

O PRAZER FÍSICO NÃO DURA. A FELICIDADE DEPENDE DO CORAÇÃO E DO ESPÍRITO.

Essa máxima é conhecida por todos, mas quantos a colocam realmente em prática? Conheço gente com a conta bancária em ordem, com dinheiro para pegar o primeiro jatinho e tomar uma taça de champanhe em Paris, mas que, infelizmente, sofre com a depressão.

Na nossa sociedade, as pessoas estão se relacionando de forma interesseira. Muitos com poder e dinheiro só se aproximam de quem, de alguma forma, possa lhes dar algo em troca. O Ser Humano é um tesouro de sentimentos e conhecimentos. Todo mundo tem algo a dar a todo mundo, não necessariamente dinheiro e poder.

O maior presente que você pode dar a alguém, é seu tempo. Às vezes, um pai diz que não entende o que mais a esposa e os filhos querem se ele não deixa faltar nada material a eles. A resposta é: eles querem o seu tempo, sua atenção. O melhor momento para expressar seu amor é agora! A Vida deve ser compartilhada. E o melhor de nossas Vidas é o amor que temos para dar.

Se você é um bom profissional, mas está sem emprego agora, ninguém vai tirar seu talento. Você continuará a ser um bom profissional. E seu lugar sempre estará garantido (lembre-se da história da nota de R$ 20, que sempre terá seu valor, ainda que amassada e pisoteada...).

Todos os dias, ao acordar, junto com pensamentos de prosperar e ter o dinheiro que necessita para viver, vale a pena também lembrar que o dinheiro não é tudo. E não é mesmo. A história a seguir exemplifica, com maestria, o que estou tentando dizer:

Antes de morrer, um rico senhor judeu chamou seus filhos para lhes fazer um último pedido: queria ser enterrado com seu par de meias preferido. Logo depois, o homem veio a falecer. Imediatamente, os filhos procuraram o serviço funerário judaico para pedir que vestissem o pai com as tais meias. Mas, segundo a tradição judaica, o morto é enterrado apenas envolto em uma espécie de mortalha branca, sem mais nenhuma peça de roupa. Assim, os filhos não puderam realizar o último desejo de seu velho pai. Após uma semana, todos foram reunidos para a leitura do testamento. Foi feita a partilha. No final, o pai deixou escrita a seguinte mensagem: "Agora, meus filhos, atentem para o mais importante de tudo – deste mundo, nada se leva. Nem seu par de meias preferido".

Ele já que ele sabia que seria proibido de ser enterrado com as peças.

Portanto, o desapego é a libertação para a felicidade. Não que aqui se deva largar mão de tudo e de suas responsabilidades, mas entender que dificuldades estão aí para serem superadas. E não para nos empurrarem para a depressão. Lembre-se, de novo: tudo vem das mãos de Deus, que é pura bondade.

Quando as Torres Gêmeas caíram, no WTC, em Nova York, em 11 de setembro de 2001, ninguém lamentou o dinheiro das torres que virou pó, mas sim, as almas que ali desencarnaram. Amizade, respeito, lealdade e amor são bens que não sofrem com as variantes das bolsas de valores. Invista neles.

Obsessão com o corpo: uma palavrinha com as mulheres

Muitas mulheres têm sofrido de depressão, apesar de sua abundância financeira. A busca pela beleza do corpo passa a ser obsessiva. Da ponta do dedão do pé até o último fio de cabelo, elas querem ser a mais perfeita do mundo.

Aqui, vale analisar o conceito de "perfeito". Será que, sendo perfeita, você será mais amada, como sonha? Será que, sendo eternamente jovem no corpo físico você será querida por todos, se sentirá útil, desejada, aceita? Você sentirá que existe uma razão para viver?

Não, querida! O seu valor está na sua alma, no seu espírito, na sua pessoa, com todas as suas qualidades e defeitos. O seu ser é que deve ser amado e querido. Você, como mulher digna, tem compaixão, responsabilidades, é criativa, amiga, parceira e bondosa e possui todas as qualidades que realmente serão sempre lembradas por todas as pessoas. Mesmo que você tenha "pisado na bola". Sempre é o momento de recomeçar a evoluir. Você tem essa chance todos os dias. Aliás, foi por isso que Deus lhe deu a VIDA para vivê-la intensamente, aprendendo com seus erros, sendo feliz com seus acertos e deixando sua marca aqui na Terra e na Vida de tantas outras pessoas.

Reinvente-se! Levante-se dessa tristeza e saiba que tudo de bom pode acontecer. Basta acreditar.

Assim, cuide de sua beleza interna e externa, sempre com equilíbrio. A resposta está no equilíbrio.

Mesmo em suas diversões, seja equilibrada. Tudo pode, com equilíbrio (bebidas, comidas, passeios etc.). Não se sinta culpada por ter muito dinheiro e nem se sinta superior a ninguém por isso. Não discrimine grupos. Respeite cada Ser Humano e será respeitada. Compartilhe sua abundância financeira em projetos sérios e positivos de ajuda ao próximo.

Curta as coisas simples da Vida, como um doce caseiro, um passeio no parque, o olhar de uma criança, o sol, o céu, o abraço amigo, um telefonema para matar a saudade, uma tarde regada a chá e pipoca.

A Vida é linda! Olhe sempre para ela como se fosse uma caixinha de surpresas divinas. E assim ela será.

Não tenha vergonha de pedir o ombro de um amigo, uma palavra acolhedora, num momento de tristeza. Seja humilde. Compartilhe seus sentimentos. Saia da pose – chore e sorria. Viva! Viva sabendo sempre que você não está só. Nunca. Um anjo amigo estará sempre do seu lado. Acredite. É a mais pura verdade. Nunca, nunca encurte sua Vida. Você assumiu um compromisso com o Criador antes de nascer. Cumpra esse contrato. Tente sempre e peça ajuda a Deus. Ele vai te instruir sempre. Tenho certeza de que você é uma guerreira. Às vezes cansada, exausta, claro... Mas sempre uma guerreira. Você vai vencer e dar o exemplo para aqueles que tanto ama! Aí está a sua vitória. A vitória de VIVER. Simplesmente VIVA!

Desapego do material

Uma dica bem prática: mantenha sua casa limpa, no sentido de estar livre daquilo que você não usa mais, como aparelhos eletrônicos, móveis, roupas, objetos de decoração. Uma casa com muita coisa acumulada não deixa que o fluxo de energia vital circule. Repasse aquilo que você não usa mais. Dê Vida e divida. Fique apenas com o que realmente precisa e usa em seu dia a dia. Vale para roupas, livros, CDs, móveis velhos, objetos quebrados. Uma casa em harmonia e organizada e com bens em movimento terá um fluxo incessante de energia positiva e, principalmente, prosperidade.

Capítulo 18

A fé em si próprio
Você é o responsável pela realização de seus sonhos

Se você acredita em Deus, não espere tudo dele. Assuma o controle de sua vida

Lembre-se do que falei no Capítulo 13: Reinvente-se!, para que você fuja da posição de vítima. Isso inclui não esperar que os outros venham a realizar seus sonhos ou sejam responsáveis por suas frustrações. Sem esforço e a ajuda de Deus, ninguém chega a lugar algum. Seja um eterno adolescente em busca de seus sonhos. Nunca deixe de sonhar. Eles são sua motivação e o caminho para a felicidade. Realizou um? Comece outro. Se não tiver ideias para mais nenhum, ajude alguém a realizar o seu. Corra atrás, seja proativo para a realização de seus sonhos. Eis a verdadeira fonte da juventude.

Sei que não é nada fácil. É preciso uma certa dose de garra, outro tanto de determinação e uma boa pitada de paciência. Como sei disso? Ora, no dia do meu casamento, em 2005, fiz questão de anunciar a todos os convidados que eu e o meu marido, Fábio, estávamos, naquele dia, dando um passo em direção à nossa próxima realização: a de ter filhos. Pois bem, daquela data até o nascimentos dos meus gêmeos, Raphael e Anita, se passaram três anos. Até o dia em que pude, finalmente, segurá-los em meus braços, fiz um árduo e desgastante tratamento para engravidar. Foram seis tentativas de fertilizações; e na sexta, meu sonho se realizou: grávida aos 52 anos! Uma gravidez saudável e feliz. Nunca perdi a fé!

Assim, por experiência própria, afirmo: mantenha seu esforço e sua fé – e uma boa dose de segredo – até o sonho se realizar. Digo para manter sigilo porque muitas vezes desperdiçamos a energia de algo alardeando nossa vontade de realizá-lo antes mesmo de ele dar sinais de se concretizar. A privacidade é uma boa aliada nas nossas conquistas. Deixe para compartilhar seus sonhos quando eles se tornarem reais.

Capítulo 19

Inveja – não entre nessa fria

SE AJUDAR LHE PARECE DIFICIL DEMAIS TENTE AO MENOS NÃO PREJUDICAR

Não sinta e se negue a receber a inveja dos outros. Todo pensamento negativo destrói a possibilidade de concretizar sua felicidade. A inveja é o pior deles. No Kabbalah Centre, ensinam que ela pode até matar. Não seja um mensageiro dela. Em vez disso, admire, respeite a conquista alheia, mas não tente, nem em pensamento, ter aquilo que não é seu. Se o outro conquistou, ele teve méritos para isso. E você também pode ter. Mas concentre-se em conquistar as suas coisas, não as alheias.

Sabe qual é o princípio da inveja, esse sentimento tão mesquinho e destruidor? É o de achar que o outro não é merecedor daquilo que tem. Ora, quem somos nós, meros Seres Humanos, para julgar isso? Lembre-se da história de que, na Vida, não temos a visão completa do "filme", apenas de cenas dele. Por mais que achemos que conhecemos alguém, não estamos em seu interior para julgar se ele deve ou não ter algo. De novo, a máxima: tudo vem de Deus. E se Ele, em sua divina providência, achou por bem agraciar alguém com filhos, um bom marido, bens materiais ou o que quer que seja, esse alguém teve méritos para isso. Nem que sejam méritos acumulados em outra Vida!

Sim, pois como a alma é imortal, ela passa por aqui por diversas encarnações, onde acumula pontos, histórias, conquistas, perdas, sofrimentos e alegrias. Se em uma Vida ela não teve tempo de obter todos os méritos aos quais tinha direito, acumulou "pontos" para a atual encarnação. Deus não seria injusto a ponto de não permitir que ela resgatasse aquilo que conquistou. Como também não deixaria que um corrupto seguisse por Vidas afora sem receber o que merece. Quantas vezes não nos deparamos com situações em que uma pessoa trabalhadora é roubada, ao voltar do emprego? Será que ela merecia aquilo? Não sabemos. Talvez seja o resgate de uma dívida antiga. Claro que o ladrão teria o livre-arbítrio de escolher não roubá-la (e, pode ter a certeza, ele também terá que pagar), mas o fato é que, se ela estava em débito com o Criador, Ele iria encontrar alguma maneira para que ela perdesse o seu dinheiro. Enfim, mais uma vez, não cabe a nós fazer qualquer tipo de julgamento. Falta-nos sabedoria, compreensão e entendimento dos desígnios divinos.

Por outro lado, se há provas de que a pessoa obteve suas conquistas por meio de atos escusos, será o destino dela prestar contas ao Criador. Se suas falcatruas passarem impunes pela justiça dos homens, certamente terão sua pena na justiça divina. Que ninguém duvide disso!

Capítulo 20

Dicas para viver na sintonia da Alegria

> AMAR OS OUTROS É A ÚNICA SALVAÇÃO INDIVIDUAL QUE CONHEÇO; NINGUÉM ESTARÁ PERDIDO SE DER AMOR E ÀS VEZES RECEBER AMOR
> *CLARICE LISPECTOR*

A seguir, uma compilação de filmes, sons, livros e outras ferramentas para afastar a depressão.

Sons – Há, atualmente, inúmeros CDs e arquivos em MP3 com sons de chuva, cachoeira, passarinho, mar, que acalmam e ajudam a desestressar. O compositor Corciolli possui muitas obras que misturam música instrumental e sons da natureza. Vale a pena ouvi-lo. Indicado para relaxar, desestressar, aliviar a mente. No site http://www.myspace.com/corciolli, é possível ouvir e até baixar alguns arquivos com suas composições.

Livros – As obras literárias ajudam na formação do caráter da pessoa e, consequentemente, na sua percepção do mundo. Como já escrevi, cuidado com o que você lê. Neste momento de pré-depressão, vale a pena se desligar um pouco de livros negativos, pesados, assim como noticiário dos jornais, caso eles o levem à tristeza e melancolia.

Filmes – Algumas obras da sétima arte que ajudam a levantar o astral:

Quem Somos nós? (What The Bleep do we Know?, EUA, 2005). Playarte.

O Mistério da Libélula (Dragonfly, EUA, 2002). Buena Vista.

A Corrente do Bem (Pay It Forward, EUA, 2000). Warner Bros.

Sites – A internet também pode ser uma aliada contra a depressão. Há sites que trazem dicas preciosas para enfrentar esse inimigo:

Seicho-No-Ie do Brasil – O modo feliz de viver em harmonia com a Natureza

http://www.sni.org.br/

The Kabbalah Centre no Brasil

http://www.kabbalahcentre.com.br/

Sites de bem-estar em portais conhecidos.

Programa de TV motivadores.

Capítulo 21

Lembretes rápidos para afugentar a depressão

- Não lamente as oportunidades que passaram e você não conseguiu agarrar. Outras melhores virão. Acredite.

- Não chore por alguém que o despreza, pois as lágrimas impedirão sua visão de enxergar quem o ama de verdade (tradicional ditado).

- Crie um projeto. Seja útil para alguém.

- Leia bons livros, vá ao teatro, shows e espetáculos alegres.

- Quando puder, passeie a pé em parques da cidade.

- Esqueça os insultos e humilhações que recebeu. Lembre-se só dos elogios e das palavras de motivação e esperança que já ouviu nesta Vida.

- Saia da inércia da TV, a não ser que esteja de repouso por doença. Mesmo assim, procure ler e ligar para amigos e conhecidos.

- Faça mentalizações com as cores de cura como verde e dourado.

- Organize sua história de Vida. Não deixe que o dia a dia o faça esquecer de quantas e quantas vitórias você teve e das batalhas que venceu. Além de vibrar positivamente, você eterniza e dá o exemplo de força e determinação para a nova geração.

- Viaje sempre que puder para a natureza. Conheça novas culturas, novos lugares e faça novos amigos.

- Quando se sentir demasiadamente triste, nunca se isole. Reúna-se com amigos ou familiares que lhe fazem bem e lhe dão colo. Aliás, peça colo.

- Deus sempre sabe o que é melhor para nós. Por isso, atenção: às vezes o que parece ser bom é ruim, enquanto o contrário também é verdadeiro.

- Quando estiver desanimado, olhe para os olhos de uma criança e brinque e ria com ela.

- Dance bastante em sua casa, nas festas, casas noturnas, casamentos, clube de danças . Como dizia Dona Filhinha, é o exercício mais completo, pois energiza corpo, mente e espírito. Escute só músicas alegres!

- Pare de fazer propaganda de fatos chatos e negativos que aconteceram em sua Vida. Promova a alegria para atrair mais alegria ainda. Quando perguntarem: "Como está?", responda: "TUDO ÓTIMO, GRAÇAS A DEUS".

- Participe de rodas de amigos que falam bem das pessoas, e não que façam fofocas negativas. Reúna-se com pessoas de bom astral.

- Arrume suas fotos de quando era criança e adolescente. Puxe essa energia para você. Resgate-se!

- Adote um animal de estimação. É comprovado cientificamente que o sistema imunológico é beneficiado com essa convivência.

- Compartilhe aquilo que você não usa mais. Doe a quem precisa!

- Liberte-se do passado NEGATIVO. Desapegue-se das mágoas, e ressentimentos etc.

- Perdoe seus erros e os de pessoas que te magoaram. Reaproxime-se com o coração livre de ódio e raiva.

- Acredite na Felicidade para sua Vida, que ela certamente acontecerá. Troque o medo pela esperança e a determinação; e a tristeza pela força dos amigos.

Considerações finais

Há uma grande diferença entre estar triste e estar deprimido. Você pode estar tristonho, desanimado em um dia. Minha dica é: vá dormir, descanse e, quando acordar, faça uma oração e siga em frente para esta grande festa que é Viver. Viva intensamente cada momento com garra, força fé, otimismo e com a certeza de que você nunca está só. Há uma imensidão de anjos na Terra ou no Céu amparando você e sua Vida. E mais: há um PAI torcendo e trabalhando muito para sua Felicidade e que lhe deu o milagre da VIDA. Seja Grato e dê a ele o presente que espera de você: o de viver na Alegria e no Amor.

Só assim ele terá a certeza de que você gostou deste lindo presente: SUA VIDA...

Por fim, gostaria de compartilhar com vocês trechos do texto escrito por Regina Brett, que tem 90 anos e assina uma coluna no *The Plain Dealer*, em Cleveland, Ohio, Estados Unidos.

"Para celebrar o meu envelhecimento, certo dia eu escrevi as 45 lições que a Vida me ensinou. É a coluna mais solicitada que eu já escrevi.

Portanto, aqui vai a coluna mais uma vez:

1. A Vida não é justa, mas ainda é boa.

2. Quando estiver em dúvida, dê somente o próximo passo, pequeno.

3. A Vida é muito curta para desperdiçá-la odiando alguém.

4. Seu trabalho não cuidará de você quando você ficar doente. Seus amigos e familiares cuidarão. Permaneça em contato.

6. Você não tem de ganhar todas as vezes. Concorde em discordar.

7. Chore com alguém. Cura melhor do que chorar sozinho.

8. Pode ficar bravo com Deus. Ele suporta isso.

9. Quanto a chocolate, é inútil resistir.

10. Faça as pazes com seu passado, assim ele não atrapalha o presente.

11. É bom deixar suas crianças verem que você chora.

12. Não compare sua Vida com a dos outros. Você não tem ideia do que é a jornada deles.

13. Se um relacionamento tiver que ser um segredo, você não deveria entrar nele.

14. Tudo pode mudar num piscar de olhos. Mas não se preocupe; Deus nunca pisca.

15. Respire fundo. Isso acalma a mente.

16. Livre-se de qualquer coisa que não seja útil, bonito ou alegre.

17. Qualquer coisa que não o matar o tornará realmente mais forte.

18. Nunca é muito tarde para ter uma infância feliz. Mas a segunda vez é por sua conta e ninguém mais.

19. Quando se trata do que você ama na Vida, não aceite um não como resposta.

20. Acenda as velas, use os lençóis bonitos, use roupa chique. Não guarde isto para uma ocasião especial. Hoje é especial.

21. Prepare-se mais do que o necessário, depois siga com o fluxo.

22. Seja excêntrico agora. Não espere pela velhice para vestir roxo.

23. Ninguém mais é responsável pela sua felicidade, somente você.

24. Sempre escolha a Vida.

25. Perdoe tudo de todo mundo.

26. O que outras pessoas pensam de você não é da sua conta.

27. O tempo cura quase tudo. Dê tempo ao tempo.

28. Não importa quão boa ou ruim é uma situação, ela mudará.

29. Não se leve muito a sério. Ninguém faz isso.

30. Acredite em milagres.

31. Deus ama você porque ele é Deus, não por causa de qualquer coisa que você fez ou não fez.

32. Não faça auditoria na Vida. Destaque-se e aproveite-a ao máximo agora.

33. Suas crianças têm apenas uma infância.

34. Tudo que verdadeiramente importa no final é que você amou.

35. Saia de casa todos os dias. Os milagres estão esperando em todos os lugares.

36. Se todos nós colocássemos nossos problemas em uma pilha e víssemos todos os outros como eles são, nós pegaríamos nossos mesmos problemas de volta.

37. A inveja é uma perda de tempo. Você já tem tudo o que precisa.

38. O melhor ainda está por vir.

39. Não importa como você se sente, levante-se, vista-se bem e apareça.

40. Produza!

41. A Vida não está amarrada com um laço, mas ainda é um presente."

CONCLUSÃO

Amigos e amigas,

Espero que eu tenha plantado uma sementinha no coração de vocês motivando a viver com esperança, fé e amor; realizando desta forma seus sonhos.

Para finalizar, reproduzo aqui a letra da música "Não Sei Quando É Que Eu vou Voltar" escrita por Marinho Marcos e cantada por Fabio Jr. no CD Contador de Estrelas. Essa música, inclusive, encerra minhas palestras. Ela expressa meus profundos sentimentos sobre o que é VIVER.

"Não sei quando é que eu vou voltar
Mas sei que a Vida é um presente
Não perco mais meu tempo,
Eu vivo a Vida intensamente

Sou livre escolho o meu caminho, minha trajetória
Não tô a toa neste mundo, eu faço a minha história

Não sei quando eu vou voltar
Pode passar mais de mil anos
Pretendo cumprir meu papel enquanto Ser Humano
Quero realizar meus sonhos, todos tão bonitos
E me sentir feliz com as coisas que eu acredito

Precisamos ser mais confiantes
Todo dia é um dia importante
É só acreditar
Que é possivel mudar
Que a gente tem a inteligência
Vale a pena tentar
Temos tanto para dar
Precisamos ter mais consciência
Antes que tudo se acabe
Antes que seja tarde demais pra querer
Nosso mundo precisa da gente e eu de você

Sozinho ninguém constrói
A gente tem que assumir
A Vida da gente só faz sentido
Se o amor existir

Edição: 2ª
Fonte: Minion Pro

grupornovoseculo.com.br

Compartilhando propósitos e conectando pessoas

Visite nosso site e fique por dentro dos nossos lançamentos:
www.gruponovoseculo.com.br

(f) facebook/novoseculoeditora
(@) @novoseculoeditora
(@) @NovoSeculo
(▶) novo século editora

grupo novo século

Sozinhos não somos nada
Mas juntos podemos tudo
Se a gente acredita
É possível fazer mais feliz nosso Mundo."

EU ACREDITO!!! SEJA FELIZ!

ROSANA BENI